자연의 소리

자연의 소리

| 장은숙 제2시집 |

도서출판 천우

시인의 말

올여름 유난히도 더운 날씨에 시와 함께 보내기가 그리 쉽지만은 않았습니다.

어느 누구를 위한 시가 아닌 저 자신을 위로하고파 일기처럼 메모하며 하루를 보내거나 매 순간 떠오르는 생각과 아름다운 자연을 표현하려는 마음에서 시작한 취미 생활을 제1시집 『삶의 한가운데 서서』에 이어 제2시집으로 선보이게 되었습니다.

부족함을 알기에 처음엔 망설이기도 했지만, 너무 오래 고여 있으면 썩어버리는 물처럼 버려지게 될까 봐 우선 정리부터 해 놓기로 마음먹었습니다.

살아가며 느끼는 희로애락을 시로 표현해 보려고 용기 있게 발돋움해 봅니다.

건강을 주신 하나님께 제일 먼저 감사드리며 제게 도움을 주신 김천우 이사장님과 윤제철 주간님 그리고 지준기 고문님, 임직원님들께 감사드립니다.

2024년 8월 16일

장은숙

제1부

미소 천국

● 시인의 말

미워도 다시 한번 _ 13
니캉 내캉 그렇게 살다 보니 _ 14
미소 천국 _ 15
웃음과 미소 _ 16
사랑의 계절 _ 17
내 마음 _ 18
떠나기 싫은 겨울 _ 20
문학으로 맺어진 글벗 _ 21
입맛이 밥맛 _ 22
그거 아세요 _ 24
오해의 늪 _ 26
향기 나는 사람 _ 27
꿈속의 나 _ 28
연주회와 시집 _ 30
나무에 입힌 옷 _ 31
조약돌 인생 _ 32
그냥_ _ 33
틈새라는 말 _ 34

제2부

기다림의 미학

손녀 살이 _ 37
울산바위(권금성에 오른 손녀) _ 38
발레 배우는 손녀 _ 40
훌쩍 자란 손녀 _ 42
4세 고시 _ 44
똑순이 _ 46
까꿍 까꿍 _ 47
눈치 싸움 _ 48
울 아버지 사랑 _ 49
어버이날 _ 50
세뱃돈과 떡국의 의미 _ 51
공포스러운 눈 _ 52
기다림의 미학 _ 53
나도 모르는 생일 _ 54
소리 없는 아우성 _ 56
헌 신발 _ 58
목도리 _ 60

제3부

자연의 소리

새 울음과 새 이름 _ 63
향나무와 포플러 _ 64
산수국 _ 66
접시꽃 _ 67
천리향 _ 68
귤꽃 향기 _ 69
맨드라미 _ 70
연꽃 _ 71
코스모스 _ 72
사과나무 _ 73
버려진 화초 _ 74
무지개 _ 75
비요일 _ 76
자연의 소리 _ 77
고추잠자리 _ 78
새야 새야 _ 80
민들레 _ 81
산딸나무꽃 _ 82
대봉감 _ 84

제4부

이맘때쯤이면

봄의 교향곡 _ 87
봄이 오는 소리 _ 88
봄 마중 1 _ 90
봄 마중 2 _ 91
봄꽃들의 향연 _ 92
완연한 봄 _ 93
매미소리 _ 94
이맘때쯤이면 _ 95
모기와 전쟁 _ 96
가을과 나 _ 97
가을을 좋아하나 봐 _ 98
한여름 속 입추 _ 99
속절없는 가을 _ 100
하얀 눈이 그리워 _ 101
노을이 보이는 창가 _ 102
풍경 소리 _ 103
나무 _ 104

제5부

끊을 수 없는 사랑

사랑이야 __ 107

인연 __ 108

기도 1 __ 110

나의 미래 __ 111

갑진년 새해 __ 112

감사하며 살자 __ 113

삶이 그러합니다 __ 114

이러면 안 되잖아 __ 115

외로워하지 마 __ 116

덕분입니다 __ 118

재와 불꽃 __ 119

끊을 수 없는 사랑 __ 120

낙조 __ 121

바람 __ 122

인생 그림자 __ 124

소중한 바람 __ 126

소중한 물 __ 128

물거품 __ 129

● 해설 시인의 감흥(感興)과 이상향(理想鄕)

• 윤제철(시인 · 문학평론가) __ 130

제1부

미소 천국

미워도 다시 한번

맺고 끊는 연습 잘하라 하지만
타고난 성격 버리질 못해
남들 잘하는 그것도 난 못하네

마음 약해서 그런 건지
결정 장애라 그런 걸까

두 번 다시 안 보고 싶다가도
조금 손해 보고 분노가 치밀어도
견디다 보니 좋은 날도 있다

사람은 누구나 장단점 있으니
장점만 찾으려 무던히 애쓴다

나라고 좋은 점만 있는 건 아니니
상대방 결점이 보여도 지그시 눈을 감으면
역지사지(易地思之) 입장에서 정답을 찾는다

니캉 내캉 그렇게 살다 보니

어린 아기 땐 엄마와 함께
소녀는 소년을 만나고

학생 땐 친구와 니캉 내캉
사랑 찾으면 연인과 함께

결혼하면 부부 되어 백년해로
한평생 그럭저럭 무탈하게 지낸다

시냇물 조약돌과 어울리고
갈대나 풀이 바람을 따라가듯
모든 나무뿌리 물을 만나서
꽃과 잎을 피우며 열매를 맺어가듯

각기 모습도 다르고 생각마저 달라도
속절없이 흘러가는 인생 여정
화나면 말다툼하고 툴툴거려도
세상사 그러려니 넘어서니 새로 시작
이것이 우리네 인생 아니런가

낮과 밤 다르고 변화무쌍하여도
하늘이 시키는 대로 순응하면서 산다

미소 천국

찡그리고 사느니
미소 띠며 살자

웃으면 세상도 밝아지니
모두들 좋아하지 않는가

아름다운 미소 함박웃음에
시름도 날아간다

예쁜 얼굴 만들어 주고
사람들 곁을 떠나지 않도록

썩소든 억지웃음이든 가리지 말고
일단 시작하고 보자

웃는 얼굴 침 뱉지 못하니
모든 사람들 다 좋아하니까
미소 천국이 따로 없네

웃음과 미소

모두를 행복하게 마음으로부터
우러나오는 진실한 웃음이라야
그 모습도 천사 같다

바라보는 사람도 웃게 만드는
미소를 머금은 싱싱한 꽃망울이나

환하게 웃는 모습이 예쁘다지만
모나리자의 미소 속엔
신비로운 고상함이 엿보인다

아름다워지려고 가식적이거나
어이없어 나오는
헛웃음, 가슴 시린 썩소보다

화나는 일, 조롱당하는 일
시빗거리조차도 맑은 미소로
답할 수 있다면 얼마나 좋을까

사랑의 계절

라일락꽃 한창인 사랑의 계절
오종종한 싸리꽃도 환히 웃는다

발길 닿는 곳마다 온통 꽃밭이다
뒤덮인 산야 철쭉꽃이 앞다투며 피기 전
잔잔한 모습으로 나타나

나도 꽃이랍니다 부르짖는 소리들
훈풍 속에 피는 라일락인 줄
착각하던 조팝나무 싸리꽃이라네

향기 짙은 노란 프리지아 한 묶음
거실 한편 놓고 보니
내 마음 한가득 사랑도 향기로워라

내 마음

지금까지 돌아볼 새 없이
내동댕이쳐진 내 마음
무척이나 힘들고 아팠다

누군가 내 마음은 호수라지만
거울에 비친 내 모습 보여도
내 마음 나도 알 수가 없네요

자주 흔들리는 갈대 같고
자기 주관이 없을 때가 많아
어찌해야 할지 모르겠네요

호수처럼 잔잔하면 얼마나 좋을까
파도처럼, 때론 광풍처럼 마구
흔들리고 치밀어 오르는 내 마음
다잡기가 쉽지가 않아요

마음이 호수처럼 잔잔한 사람은
얼마나 선을 베풀어서 되는 걸까요

내 마음도 모르는데 어찌
남의 마음은 훔쳐볼 수가 없네요

맑은 날 흐린 날 있는 날씨처럼
변화무쌍한 내 마음도
호수였다 바다였다
종잡을 수 없는 내 마음

얼마나 더 넓은 아량으로 사람을 대하고
내려놓으면 내 마음도
잔잔한 호수처럼 되는 걸까요

그냥 흔들리고 부대끼며 살아가는
세상의 변화 즐기며 적응할까 생각합니다

떠나기 싫은 겨울

가로수로 서 있는
벚나무 가지마다 눈이 쌓여
꿈속을 헤매는 거 같아

도시에선 보기 힘든
새하얀 거리에 핀 눈꽃 송이
지리산 노고단이 생각난다

나도 꽃 피울 수 있다고
봄을 시샘하는 겨울이가
떠나기 싫은가 봐요

문학으로 맺어진 글벗

문학으로 맺어진 연결고리

순수하고 맑은 영혼들이 모여
언제까지 이어갈 수 있으려나

풀리지 않게 연결고리
탄탄하게 맺어야 한다

동인지로 단단하게 어우러져
느슨해지면 다시 옭아매어

서로 격려하는 좋은 글벗으로
함께하는 멋진 세상 만들어 보자

입맛이 밥맛

옛날 어르신들 하시던 말씀
입맛이 밥맛이란다
어릴 땐 생소하던 그 말에
공감하는 나이가 되다

입이 쓰니 밥을 먹을 수 없고
세상 그 어떤 반찬도 눈요기일 뿐
막상 입에 넣으면 입이 써
바로 뱉게 되더라구요

움직여야 산다니 걸어 보아도
별다른 효과가 없더니만
감기 증상 나아지고 마음이
편해지니 모든 게 해결되네

왜 진작 내려놓질 못했나
그냥 비우고 살면 되는 것인데…
산해진미도 부럽지 않게
요기가 생기기 시작한다

흰쌀밥도 귀하면 옛날 사람들
잡곡만 먹고도 잘만 살았다는데

요즘 사람들 쌓아 놓고 먹는
흰쌀밥조차도 싫다 한다

어려움 모르고 자라 그렇다는데
타고난 체질이 달라
입맛도 다른 거 같다
배부른 흥정이라
야단치시던 부모님 생각난다

어려서부터 잘 못 먹는 거로
부모님 속도 어지간히 썩인 나
한두 끼 굶는 건 일도 아니고
몸 상태 안 좋으면 더 못 먹는다

막내라 버릇없이 커서 그런 게
이유가 되려나
그러면 요즘 애들은 왜 그런가
서구화된 식품에 길들여진 탓
시대 따라 입맛도 변해가나 보다

그거 아세요

그거 아세요
정신병자도 아닌데

현관 열쇠로 전철 통과하려 하고
전철표로 집 키 대신하려 하고

도대체 왜 이러는 걸까요
건망증이 심해지니 걱정되네요
한두 번도 아니고
지하철도 거꾸로 타게 되고

급해서 주의력 부족이긴 하지만
이런 제 자신이 점점 미워지네요
그거 아세요
핸드폰을 냉장고에 넣어 두고 찾고

갑자기 집 전화, 가족들 전화도 저장 기록 찾아봐야 하고
세 살 난 손녀보다 못할 때가 많네요
이러다 가야 할 지름길 어디일까요

뇌에 어느 부분이 고장 난 건가 검사하고 싶어지네요
좀 더 나이 들면 제 집도 못 찾을 날 올까 두려워
하루라도 늦게 찾아와야 할 텐데 싶어 안간힘을 쓰고 있네요

나는 안 그럴 줄 알았는데
내 일은 아닐 줄 알았는데
무심으로 흘려버린 내 탓이요
그래도 최선을 다해 살아야겠지요

산소 부족을 느껴 바깥으로만 돌다 보니
점점 방콕 하기가 싫어지는 자연인 같은 나

오해의 늪

오전에 방긋하던 햇살 오후엔
구름 끼고 어둑해지는 날씨처럼
사람들 마음속도 변화무쌍하다

하루 이틀도 아니고 자주 접하다 보니
힘들기도 하고 짜증까지 난다

참아야지 하다가도 불쑥 찾아오는
분노 더 이상 견뎌내기 어렵네

도대체 무엇이 문제인 걸까
누구라 할 것 없이 서로가 소통
부재 시에 생겨 버리는 일

별것도 아닌데 오해의 늪으로 빠져 버린다
이 늪에서 헤어 나오려면 또 얼마나
오랜 시간이 필요할까

향기 나는 사람

화나서 참기 힘든 그 순간
상대방이 나라면 어떠했을까?

3초만 기다리란 말처럼 내려놓고
상대방 편에서 생각해 보자

부패한 음식처럼
썩은 내 나는 사람 말고

발효된 음식처럼
향기 나는 사람 되고 싶다

얼마나 더 자숙을 해야 가능할까
참으로 어려운 일이다

꿈속의 나

내 안의 나를
짓누르는 슬픈 모습

갑자기 온 육신이 무너지고
멈추어 버린 듯 말
안 듣는다

그냥 그 자리
멍때린 상태로 돌부처 된다

말하려 해도 벙어리 냉가슴처럼
안 된다는 걸 느끼고 이내 포기된다

거실을 서성거리는
누군가의 현란한 움직임
힘껏 소리쳐 본다

떨리는 가슴 얼어붙은 손과 발
동상처럼 멈춘다

다시 소리쳐 불러 봐도
겁먹은 어린아이로 돌아간 듯

엄마 아빠 목메게 찾아보고
불러 봐도 모른 체
외면하고 지나치는 무심한 사람들

비록 꿈속이지만
바보 아닌 바보 되어
소파 위에 시체처럼
누워버린 자신이 서러워 울었다

꿈속의 나는 아직 어른아이
말 한마디 하지 못하는 미약한 존재라고
생각하니 너무 슬프고 감정이 북받친다

오수에 젖던 어느 봄날

연주회와 시집

눈과 귀
오감이 호강하는 클래식 연주회 날

적막 속에서도 살아 숨 쉬는 듯한
오케스트라 협주 환호하는 관객들
뜨거운 함성

천상의 소리
한데 어우러져
충만하고 꿈같은 행복감 안겨준다

나만 통째로 느끼는 전율은 아니리라

화려한 무대의상 찰나에 현혹되고
짜릿한 전율 사이
즐거운 귀

일상 탈출 속 여유로운 행복
소중한 인연의 끈 연결해 준 첫 시집

나무에 입힌 옷

추운 날씨에 헐벗은 가로수
아무도 생각 못 했던 사실

누군가 발견하고 정성 가득한 뜨개질로
예쁜 옷 입혀 주었네

무지개색 화려함으로 재탄생한 나무들
보기도 좋지만 마음도 훈훈해

사람들만 추운 건 아닐 듯한데
왜 난 그런 생각을 미처 못 했나

동작구청 앞 노량진 가는 길목
일부 장소에만 입혀진 예쁜 나무 옷

한 땀 한 땀 뜨개질한 주인공은 누굴까?
솜씨는 없어도 동참해 보고 싶어진다

조약돌 인생

파도가 만들어 낸 조약돌 같은
살다 보면 부대끼는 우리네 인생

그 안에 담긴 희로애락의 크기
자로 재보면 누가 더 클까

수억 광년 세월의 물굽이 큰 바위
희생 끝에 탄생된 조약돌

모습은 예쁘지만 살을 깎는
아픔도 마디마디 숨어 있었네

백 년도 못 사는 인생
왜 그리도 못나게 구는지

어차피 흘러가는 야속한 시간
조약돌처럼 무던하게 살아가렴

그냥_

그냥_이란 이 말이 너무 좋다
이유를 대라면 할 말이 없지만
그냥_이라 말하고 싶다

사람이나 글, 그림, 노래나 시
생각의 차이인지 알 수는
없지만 그냥 다 좋다

살아가는 것은 누구나 힘들어도
그래도 삶은 그냥 좋다
죽은 자들이 누리지 못하는
삶이라서 그런가 보다

과거, 현재, 미래가 이어지고
지나간 것은 추억으로 남아
현재는 그냥 이대로의 모습
미래는 희망을 바랄 수 있어 좋다

그냥_이란 말의 어감까지도
그냥_이란 말엔 정도 철철 넘치니
모든 게 감사하니까
그러므로 난 그냥 행복한 사람이로세

틈새라는 말

바위틈처럼 작은 공간에서
피어나는 꽃들도 있다

일하다 잠시 멈춘 시간
여백이라 일컫는 말

바쁜 틈 비집고 올라오는
잡념이라는 생각의 틈새

소중한 사람과 사람 사이에서
점점 멀어지는 마음의 여유

같은 글자 또 다른 여러 가지 의미
우리말에 묘한 매력까지 느낀다

쉬운 듯하다가도 알면 알수록
깊이 있고 어려운 우리말의 뜻글
아름다워라

제2부

기다림의 미학

손녀 살이

"할머니 다녀오겠습니다 올 때까지
나가지 말고 꼭 집에 계셔야 해."

"그래 선생님 말씀 잘 들어야 해.
이따 꼭 다시 만나자."
어린이집 가는 손녀와 나누는 인사말

어쩔 수 없이 나가는 내 마음
편치 않은데 크면 이해하려나

바라보는 눈초리 애처로워
쫓기듯 들어오게 되는 귀갓길
발걸음도 가볍다

시부모님과 함께하던 삶 이후
새로 시작된 예쁜 손녀 시집살이

울산바위(권금성에 오른 손녀)

울산바위 보이는 델피노 숙소
커튼만 열면 보이는 전경이지만
좀 더 가까이 올라가니 다른 느낌

케이블카로 이동 후 권금성까지
따라 올라간 우리 손녀 기특하다

좋아하는 고모 따라 잘도 걷는다
모두 칭찬하니 구슬땀 흘리며
멋모르고 따라 오른 울산 바위

배부른 엄마 때문에 함께 못 하니
겁이나 울 만도 한데 씩씩한 발걸음
평소 산행 연습 덕분이다

어른들 칭찬 듣는 게 좋아서일까
더워도 참고 웃으며 물만 찾더니
내려와서도 체력이 남아도는 이쁜 손녀

분명 같은 곳 변함없는 장소이건만
세월은 한 바퀴 돌아 제자리에 서 있구나

우리 가족 유년 시절 소풍 추억이 아득한데
다시 손녀랑 함께 대를 이을 줄이야
멋진 그 풍광 함께하니 내사 기쁘다

발레 배우는 손녀

언제 어디서 보았는지
호기심 어린 눈망울

발레 배워 보겠다고
칭얼거린다

동화 속 공주처럼
예쁜 옷과 발레 슈즈
부드럽게 춤추는 손녀

초롱초롱 호수 같은
눈망울이 그대로인데
성숙한 네 모습 대견하구나

만 네 살배기 우리 손녀
두 번째 시간에도 적응하는
사뿐사뿐 발레 공주 아가씨

누굴 닮아서 저리 야무지고
영리한 것일까

고놈 참 할미 마음
혼을 쏙 빼앗으니
제 눈에 안경인 것일까

음악을 좋아하니
피아노를 가르치고 싶지만
엄마는 태권도랑 공부시키고
싶어 하니 어쩔 도리가 없다

요즘 아이들 주말에도
통통통 쉴 틈이 없네

훌쩍 자란 손녀

화창한 봄날 아파트 정원
신선한 바람 가르며 뛰노는
손녀와 뒤를 쫓는 할아버지

감기로 고생하던 올 한 해 다 날려 보내고
마치 보상받는 두 사람 모습
해맑은 웃음과 송송 솟아난 땀방울

어느새 훌쩍 자라 어린이집 놀이터에서
놀이 기구 혼자 타며 속삭이던 손녀 말,

"할아버지 여긴 아가들 노는 곳이에요. 나는 이제 어린이예요."

"엄마 뱃속에 동생이 응애 응애 아가죠, 저는 이제 어린이거든요."

분명 내 눈엔 아직 아기로 보이는데
만 4살 나이가 애매해 보인다

자기보다 훨씬 큰 언니 오빠들
따라다니며 안간힘 쓴다

처음 본 언니들 줄넘기하는 모습 보며
“우리 집에도 노란 줄넘기 있는데….” 이런 사교성까지!

“얘들아, 수빈이 똑똑하니 같이 놀자.”
“아냐 너무 어려서 안 돼.”

언니들 서로 엇갈리는 대화들 속
끊임없이 따라다니며 흉내 낸다

그런 모습들 왜 그리 웃기고
사랑스럽고 예쁜지!

사교적인 활달한 모습은 누굴 닮았을까
할아버진 분명 아니니 그건 날 닮았나 보다

모처럼 일 포기하고 일찍 들어온 걸 잘했다 싶었다
오랜만에 웃음꽃 활짝 핀 우리 가족 즐거운 마무리다

4세 고시

신문에 난 4세 고시 참 생소하다
영어 유치원에 입학 시키려는
엄마 등쌀에 아이들이 힘들다는 말

손녀가 3살 중반에 접어들어도
그냥 놀리고 있다 보니 조바심 나긴 한다

가끔 티비 유치원에서 하는 한글 공부와 영어 공부만
들어 주고 함께 보며 곁에서 보충 설명만 한다

어느새 벽에 붙어 있는 그래프 보고 한글과 숫자
스스로 깨우치려 알려 달라 하니 기특하다

놀이처럼 해 주며 알려 달라 조를 때만 영어 노래도 가르친다
조금 뒤처지면 어떤가 때가 되면 다 할 수 있겠지

태어나기 전부터 코로나로 힘든 세상 겪은 아기라
코로나 두 번에 독감까지 걸려 고생하고 있다

건강이 우선이라 생각하는 우린 그냥 놀린다
놀이 할 때나 데려다 줄 때 차 안에서 함께 부르자는 노래

그네 태우며 들려준 노래 가사
동요 교회 노래, 영어 노래까지

또박또박 잘도 기억한다
그러면 된 거 아닌가

크면 다 하게 마련인데 미리 고생시킬
필요 있을까 싶다 하니
그러면 우리에게 책임지란다
내가 이제 와서 왜? 되묻는다

시대가 달라졌다며 요즘 젊은 부모들
팔짝 뛰지만 영어 조기 교육은
아무리 생각해도 과잉이다 싶다

장난감으로 나온 알파벳 놀이
순서 익히기 해 주다 보니 미안하다
우리 글자가 먼저인데 혼란스럽다
한글 용사 프로만 열심히 보여준다

갈수록 어려워지는 교육
등골 빠지는 부모들 왜 이래야 하나
어디서부터 잘못된 걸까
4세 고시만은 시키고 싶지 않다
잘하고 있는가는 나도 모르겠다

똑순이

하나를 가르치면 열을 아는
요즘 아이들 왠지 무섭다
우리 때와 다르게
영악해진 요즘 아이들
순수한 맛이 사라져 간다

똑순이라 부르지만 싫다
어리숙해도 어른 말
잘 따르던 옛날 아이들

어리바리해서 손해 보던
어린 시절 그 순수함이 그립다
이제 겨우 말문 터져
하고픈 말 쏟아 내면서

영어 노래 가르치란다
과연 정체성을 알게 되려나
똑순이 손녀 질문 대답
못 하는 날 오기 전

미리 공부해 두어야 할 건 무얼까
오늘도 난 마음 바빠진다

까꿍 까꿍

우리 손녀 손가락으로 까꿍 하면
아가들 눈으로 보는
세상은 잘 보이려나
세상은 좀 다르려나

아가 따라 보는 손가락 사이 세상도
나는 대수롭지 않으니
여러 번 가려야 깨끗한 세상 된다면

내 마음 비워내고
수만 번이라도
까꿍하고 싶어지네

눈치 싸움

일하랴 손녀 보랴 취미 살리랴
동분서주하려니

나는 나대로 해야 할 일 못 하고
아긴 아기대로 내 눈치 살피고
힘겨루기한다

함께 있다고 잘해 주는 것도 없건만
혼자 잘 놀다가도
눈에 안 보이면 심심한가 보다

"할머니 오늘은 어디 가세요?"
"수빈이는 오늘 어디 가요?"
할머니 눈만 바라보며 묻는다

"공부하러 가요.", "회사 가요."
"친구 만나러 가요.", "시장 가요."

매일 다른 변명하고 편치 않은 마음
오늘도 난
손녀 눈치 보며 나온다

울 아버지 사랑

하늘 같은
울 아버지 사랑
사무치게 그리운 날

변함없는 그 마음
진실하신 그 사랑

받기만 한 했던 어버이 사랑
지금은 내 마음 전할 길 없어

다시 오지 못하지만 그 사랑
이제는 놓치고 싶지 않아

꿈속에서라도 단 한 번만이라도
만나면 꼭 붙잡고 싶더라

어버이날

고사리 같던 손가락 어느새 자라
꽃바구니 만들어 온 우리 애들

기뻐할 새 없이 왜 자꾸 어린애
되고 싶어지는 걸까?

이젠 옆에 안 계신 부모님 생각
어릴 적 추억 속으로 빠져드는 나

막내라 철없는 짓 많이 하고
효도가 무언지 깨닫기도 전
가버린 내 부모님 그리워지네

가슴 아프게 찾아봐도 소용없어
그 깊고 넓은 사랑 갚을 길 없어라

하나둘도 어렵다는 요즘 애들 보며
열이나 되던 애 낳아 기르시던 부모님들은
얼마나 힘드셨을까?

생각하면 할수록 뜨거운 눈물이
빗물처럼 흘러내리네

세뱃돈과 떡국의 의미

설날 아침 세배하는 자녀들과 손주들
덕담 하며 주고받는 세뱃돈
액수에만 관심 두는 아이들
지정한 의미 알기는 알까

음식 준비하는 부모에게 건네는
돈의 출처는 진정 주고 싶은 건지
의무감에 주는 것은 아닌지

힘겹게 준비해 온 정성스런 봉투를 받으며
마음이 편치 못한 이유다
해마다 부모님께 준비해 드리던 게
어느새 받게 된 우리

"건강해야 한다, 새해엔 하는 일이 더 잘되길 바란다."
"공부 열심히 하거라."
"부모님 말씀 잘 들어라."

"어머님 아버님, 새해엔 더 건강하게 오래오래 사세요."
서로 편하게 주고받는 복돈이라면 좋겠다

공포스러운 눈

펄펄 날리던 눈발이 수북하게
쌓이던 어느 날 이국에서의 추억

비탈길 눈썰매 타는 외손주들 다칠까
염려되어 좋아하던 눈이 공포스러웠다

마트에서 물건 사고 나오면 자동차
문짝 순간 얼어붙는 상상도 못 하고

집채만 한 눈에 차가 부서진다며
당황하던 딸의 모습 떠오른다

흰 눈 쌓이길 기다리며
좋아라 날뛰는 아이들은
어른들 마음 알기나 알까

기다림의 미학

아가들 배고파 엄마 찾는다면
유아기 아이들
혼자 남는 불안감에 부모 찾고

청소년기부터 부모보다는 친구 좋아하며
자라면 연인을 찾아
수많은 세월을 방황하고 있다

나이 들면 부모라는 이름으로
자식 사랑하는 마음 하나 갖고 산다

저마다 찾는 대상도 생각도 다르지만
새 희망도 솟구치고
기다림의 연속인 거 같아

누군가의 희생과 삶의 철학도
들어 있어서 끊임없는
기다림은 꾸준한 사랑을 받는다

나도 모르는 생일

올해는 윤달이 끼어 2월이 두 달
음력 2월 태어난 사람이라 생일도 잘 모르겠다

이젠 안 계신 부모님께 윤달인지 평달인지
물을 수도 없고 답답하다

양력으로 하자는 애들 따라야 하지만
내 마음속으론 음력을 생각하게 된다

어릴 때부터 해 오던 습관이 있어서다
우리나라는 왜 이리도 복잡한 걸까

느닷없이 날아드는 축하 문자 보고
그래 오늘이 생일이었구나

스스로 사람들과 하루를 의미 있게
보내고 나니 뒤따라온 가족들

손녀가 부르는 생일 축하 노래 소리
귀에 쟁쟁하고 가르친 보람 있네

중얼거리다 크게 하라 하니
어느새 목소리 하늘을 찢는다

봄에 태어나 행복하고 내 스스로
여러 번 챙기는 생일 축하 자리
그래 내 밥은 내가 찾아 먹는 거야

생동하는 봄이 가져다주는 행복
아직 내가 살아 있음을 알려 주네

소리 없는 아우성

한파의 기승으로 집 안 공기까지
으스스 추워진다

사람도 식물도
기온 차이에 예민하니
생명의 가치까지 크다

양지바른 베란다
둥지를 틀고 있는 화초

온 가족들
사랑으로 사시사철
행복으로 채워 주는 꽃다지

두 그루 레몬 나무
한 개는 거실 언저리 베란다
자리를 잡았다

놓인 위치 따라
서로 다른 모습으로
성장하니 대견하다

태양 빛 물과 바람 모든 조건으로
자라는 식물의 성장판 따라
쑥쑥 자라나는 아이들
행여 질투하고 있는 걸까

지켜볼 때마다
얼마나 대견하고 사랑스러운지
나도 몰래 웃음꽃 만발하네

헌 신발

평소엔 모르다
발가락 한 개 다치고 보니
편해진 헌 신발
더 좋게 느껴지네

헐러덩해진 헌신을
신고 나서며
고맙기도 하고
미안하기도 하다

색 바랜 신을 꺼내 신자
아직도 안 버리고
뭐 하냐 돈 줄 테니
새것 하나 사라는 말

누군 새것이 싫겠냐며
속 모르면 가만있어라
옆 사람 아픈 걸 알기는
하냐며 볼멘 소리한다

한집 살아도 옆방에
누구 하나 죽어

나가도 모른다던
옛말이 생각나는 아침

우린 대화가
부족한 걸까
눈치로 알아
주면 안 되나

목도리

목을 따뜻하게 만들어
온몸을 녹여 주는 쓰임새

각자 쓰임새는 다르고
만든 재료는 다를지라도

예쁜 색깔만큼 다양한 모습
마음과 마음 하나로 이어주네

제3부

자연의 소리

새 울음과 새 이름

뻐꾹뻐꾹 뻐꾹새
쑥꾹쑥꾹 쑥꾹새

꾀꼴꾀꼴 꾀꼴새
홋트홋트 후트새

접동접동 접동새
소리하고 꼭 닮은 이름들

누가 지었는지 모르지만
정겹고 기묘하기도 하다

지지배배 종달새
구구구구 비둘기
끼룩끼룩
갈매기

그 이름은 누가 지어 주었니

사람은 이름대로 산다고 하던데
새들도 이름처럼 살아가려나

다양한 새소리 생각만 해도
저절로 힐링이 되고 행복해진다

향나무와 포플러

가로수로 선정된 포플러 옆
한자리 차지한 소담스러운 향나무
연두 연두 초록 초록 싱그럽다

바람만 불어도 떨어지는 포플러
사시사철 푸른 모습 시샘 하나 보다

하늘 보며 훌쩍 자란 포플러 잎새
낙엽 되어 후두둑 나를 괴롭힌다

푸르던 향나무 잎새 사이
듬성듬성 파고들어 와

싯누렇게 말라 버린 포플러
잎새 탓에 보기 싫어진 향나무

"너는 왜 몸뚱이에 흉터 자욱이 많니?
이제 그만, 허물 좀 그만 벗어 보렴."

"모든 조건 나랑 비슷한데 너는 왜 그리 작은 땅꼬마니?"

어릴 때 모습 그대로 사이좋게 랄랄라
건강하고 싱싱하게 푸르르면 좋겠다

"다음에 만나면 다시 예쁜 모습 기대할게."
혼잣말하며 돌아오는 해거름 퇴근길

산수국

방배천 길섶
아담한 정원 한 켠에
매일 아침 마주하는 신선한 산수국

그리 작지도 크지도 않은
단아한 모습에 반해 버렸다

처음엔 오래 혼자 보고 싶더니
귀여운 모습 함께 나누고 싶어
나도 모르게 어느새 한 컷, 두 컷
핸드폰에 차곡차곡 담아본다

(산)이 좋아 산에서 피다가
(수)많은 사람 열린 마음
(국)적이 어디든 알 바 없어라

접시꽃

멀리서도 확연히 알아볼 만큼
키 크고 꼿꼿한 네 모습

가는 곳마다 고운 자태 뽐내건만
그동안 소홀히 보아 미안하구나
빨강, 하양, 분홍색 다양도 하지

붉은 장미, 화려한 꽃들만 예뻐하던
내가 너에게 어느새 빠져 버렸어

불타는 정열의 색인 네 모습
내 마음 타오르는 사랑 유혹해 본다

그 이름하여
접시꽃, 그대라 부르리

천리향

제주에서 만난 천리향
천리까지 간다 해서
천리향이란 이름까지 그윽하다

하얗고 작은 꽃 앙증맞고 사랑스러워
귤꽃과 비슷하고 라일락꽃으로도
착각할 만하다

서울보다 섬나라 제주 향이 진하구나
내게서도 천리향처럼 은은하고
우아한 향기로 젖어 들면 좋겠다

귤꽃 향기

하�고 앙증맞은 너의 자태
그 향기에 취해 떼지 못한 발걸음

제주에서 처음 만난 너와 나
고운 모습 영상으로 담아 본다

한라봉, 천혜향, 카라향 레드향
나쯔미깡(하귤), 탱자와 청귤

피는 시기와 종류, 크기에 따라
불리는 이름도 제각각

나를 유혹하는 너의 향기
감탄사 연발하며 박물관까지
즐겁게 단숨에 다녀왔다

맨드라미

맨들맨들한 촉감이라
맨드라미라 이름 붙였을까

강렬한 색 발하는 맨드라미
마치 비단결 같은 느낌이다

씨앗은 새까맣고 작은 먼지
해마다 새로운 생명들 태어난다

어릴 땐 이상하다 싶었던 꽃
선홍색이 주류지만 종류도 다양

뭐니 뭐니 해도 꽃들도 사람처럼
함께 어울려야 진풍경

연꽃

겨우내 수줍은 듯 숨어 지내다
봄이 되면 푸르게 나오는 이파리
초여름 마구 자라는 동그란 잎새

동전만 한 크기부터 손바닥만 한 잎새
여름 되면 우산이 되기도 한다

팔색조처럼 화려한 꽃 피우다
가을엔 열매로 연

뿌리로 연잎밥까지
머리부터 발끝까지 다 바친다

마르면 연잎 꽃차 씨앗은 당뇨 약재로 쓰이고
연근은 맛난 음식으로 재탄생해
어느 하나 버릴 게 없다

코스모스

무지개색이 무색하리만큼
다양한 모습으로 초가을 문턱
두드리며 살랑대며 속삭이는 너

바늘허리만큼이나 가녀린 모습
누굴 홀리려고 한들거리니
가냘프기도 하고
애처롭기까지 한 청초함

바람 불면 쓰러질 듯 약해 보여도
하라는 대로 이리저리
어울릴 줄 아는 애곳덩어리

무뚝뚝한 나무들보다
네가 훨씬 나은 거 같구나

사과나무

"종로에는 사과나무를 심어 보자."
어느 인기가수 노랫소리
귓가에 맴도는 종로 거리

매주 거리를
지나가노라면
한파에 오소소 움츠리는
길섶 사과나무

싱싱한 열매 주렁주렁할 때는
사랑을 흠뻑 쏟아주더니
시들어 버리니 외면하는
싸늘한 냉대

외로움의 칼바람
상한 가슴 후벼판다
종로 거리 자랑스러운 네 모습
오래도록 만나고 싶은 맘 굴뚝같다

해마다 반겨주던
너의 자태 그립다
외로워도 참으렴 친구 해 줄게
내 마음속엔 항상
추억처럼 남아 있어

버려진 화초

사무실 개업 때 들어온 돈나무
사무실 이전하면서 버려진 그 화분
가운데 뽑아낸 나무뿌리 한 가닥

10년 세월 지나고 보니 대견하게도 멋진
돈나무로 부활하여 우릴 반겨 준다

돈나무 한 잎 돋아 나올 때마다
우리 집 가득 행운을 안겨 주었다

치과에서 버린 산세비에리아 지금도
공기 정화로 기쁨을 주고 있는 식물이다

제라늄도 곁에서 친구 하자며 활짝 웃으니
정성을 다해도 고마움 모르는 사람보다
내 마음 알아준 의리 있는 화초가 더 고맙다

무지개

목 빠져라 올려다보는
화려한 색상으로 장식된 하늘

동심의 세계로
하늘에 걸린 무지개 볼 때마다
저 다리 위엔 누가 있을까
일곱 빛으로 무얼 만들어 볼까

매력적인 모습에 혹하여서
헤어 나올 수 없어 허우적거린다

몽글몽글 피어나던 꿈들
하늘이 보여 주는 알 수 없는 선물
도대체 무지개는 누가 만든 것일까

비 온 뒤 나타나는 무지개
우리에게 주는 자연의 신비로움
어릴 때 느끼던 사춘기 감성이 되살아난다

비요일

태양이 떠오를 땐 해가림으로
비가 내릴 땐 비가림이 되어 주었지

귀한 대접 받던 너지만
이 비 그치고 나면
귀찮아지는 너, 미안해

간사한 사람 마음자리
순간 달라지는 너의 존재

주인 맘 알 수 없지만
참 슬플 것 같아서 짠해

아침에 들고 나갔다
저녁엔 잊기도 하고
귀찮아 찾지도 않는 너

변덕쟁이 사람들 묘한 마음
어찌 다 헤아리겠니
비요일 명상

자연의 소리

오월의 푸르름 알리는 청량함
졸졸졸 흐르는 시냇물 소리

어느새 시원한 바람과
잘 어우러진 폭포가 되어
우울한 마음속 뻥 뚫어 주는 친구

오월 장미 무색한 잔잔한 들꽃
삶이 귀하다는 듯 활짝 웃는
생명 하나하나가 주는 신비함

틈새에 숨어 귀엽게 달싹거리며
부지런히 먹이 찾는 입
똘망똘망거리는 다람쥐 눈

순수한 그 모습에 감동해
모든 시름 단숨에 날려 버린다

서로 물어뜯고 상처 내는 사람들
부끄러움에 눈도 못 맞추겠다

하루 일탈이 주는 행복
자연은 언제나 좋은 친구
입가에 어느새 번지는 미소

고추잠자리

칠보 색 단장
곱게 차려입은 고추잠자리

여름 한철
맵시 자랑하던 화려한 자태

날렵하고 근사한
미혹의 날갯짓
왕방울 닮은 눈매
총기 서린 황금빛
서광 눈부시다

다홍색 겹줄 무늬 비단옷 입고
천하를 유혹하는
춤사위 넋을 잃는다

우주를 넘나드는
끝없는 비행

연약한 그 모습
바람에도 할퀴네

아쉬운 너의 삶
천하를 누비던 날갯짓
한나절 철부지 아이들
놀이감 되어버린 짧은 생애

숱한 시달림 아랑곳 않고
죽을힘 다하는 뜨거운 열정
닮아가고 싶다

새야 새야

숲 좋아 산에서
사는 새야
무엇이 서러워 날마다 구슬피 울까

엄마가 그립고
허기진 쓸쓸함이냐

하루아침 빼앗긴 새 둥지 찾아
헤매는 삼만 리

다시 마련한 곳
감나무에 앉아 재잘거리던
그 모습 아른거려 눈에 밟힌다

작별 인사도 못한 채 떠나와
가슴 미어진단다

하늘처럼 푸른
새들의 환영
못 견디게 보고 싶다

민들레

향기 진동하는 장미꽃
예뻐도 가시가 있으면 나는 싫다

꽃이 작아도 좋다
향기야 나면 좋고 없어도 좋다

어려운 곳에 홀로 서 있어도
장미처럼 상처 주지 않고
언제나 반겨 주는 네가 참 좋다

국민들의 꽃, 야생초 같은
일편단심 민들레
홀로서기 잘하는 네가 부럽다

뛰어난 자태 아니어도
노오란 민들레 꽃잎처럼
자유롭고 강해지고 싶구나

세상 부러울 게 없는 그 도도함
내게도 그 비밀 알려 주지 않으련
네게서 그 자신감 당당히 배우고 싶다

산딸나무꽃

창문 여니 보이는 산딸나무꽃
하얀 나비가 앉아 있는 줄 알았다.

요즘 한철인가 보다 산이 아닌
우리 아파트 정원에도 있었네
예쁜 걸 보면 함께할 사람부터 찾는 습관 나온다
한 컷 찍어 공유해 봐야지

살랑살랑 제멋대로 날아다니는
나비보다 무게 있게 조신조신
자리 잡은 산딸나무꽃

자꾸 나오라 손짓하며 부르니
향기 맡으러 나가 볼까 망설인다

어디로 가야 하나
누굴 나오라 할까

할 일이 있음에도 설레는 핑크빛 기다림
내 마음 나도 몰라 어쩔 수 없네

불러 주는 사람 없어도
유혹하는 나만의 산 벗 자연 있으니

누리는 자만이 행복할 거 같아
두 손 들고 항복해 보려 한다

산딸나무야 기다려 달려 나갈 테니
비 내리기 전에 얼른 나가 봐야지

대봉감

고향 친구 보내 준
빨갛게 익은 감 먹는다

타는 저녁노을 닮아
가슴이 뜨겁게 변한 너

북쪽 베란다에 올려놓고
몰래 만남을 가져야겠다

제4부

이맘때쯤이면

봄의 교향곡

밀창을 활짝 열고
푸른 하늘 바라보니

흰 구름 따라
흐르는 강물 소리
절로 흥겹다

새소리 바람 소리
꽃향기 따라 들려오는
대자연의 연주 같은
아름다운 합창

그리운 우리 님
고운 발자국처럼
애타는 내 맘속
핑크빛 설렘인가

오감을 툭툭 흔드는
봄의 교향곡

봄이 오는 소리

매섭게 부는 칼바람 속
외투 깃 세운 사람들

누구보다 먼저 타들어 가는 열정
내보이고 싶어 나온 설중매

벌써 입춘이라는데 눈이 펑펑 내리니
아직도 봄은 오기 싫은가 보다

뚝 뚝 뚜욱뚝
처마 밑 고드름 녹아내리는 소리

타닥 타닥 토옥 톡
바싹 마른 가지 위 움트는 봉오리

조올졸 졸 졸 졸
얼음장 밑 녹아내리는 물소리

쏘옥 쏘옥 쏙 쏙
귀 기울여야 알 수 있는 소리들

누구나 느낄 수 있는 건 아닌 듯
자세히 보아야 보이는 이른 봄

무심코 지나치는 사람들 틈
까치들이 먼저 즐기고 있구나

군데군데 솟아오르는 파란 새싹
짓밟혀도 결코 죽지 않는 잡초들
강인한 생명력 본받고 싶다

봄 마중 1

혹독한 겨울 한파
견뎌내더니 저마다
앞다투어 톡톡 터지는
봉오리 어여쁘구나

봄소식 알리려는 노란 꽃잎
매화랑 경쟁하듯
고개를 쏘옥 내미는 산수유

나무뿌리 끌어 올리는
깊은 계곡 물소리 정겹다

겨울잠 속 깨어난 개구리
개골개골 연주하는
해맑은 울음소리 싱그럽다

연분홍 미소 띤 사람들
봄 마중하는 발자국 소리

내 맘에서 우러난 외침
귀에서 들려오는 노래일까

모두가 합창 소리 신명 나는
춘삼월 음악회 둥 둥 둥 울린다

봄 마중 2

매서운 겨울 한파에도 견뎌내고
저마다 앞다투어 터지는 꽃봉오리

봄을 알리려는 노란 꽃잎
산매화랑 산수유랑 경쟁하듯
토~옥톡 터지는 소리 정겹다

겨울잠 자다 깨어난 개구리
연주하는 울음소리도 싫지 않으니
사람들 봄 마중 무릉도원일세

봄꽃들의 향연

봄꽃이 미친 거 같아요
시기도 모르고 설치고 있네요

누가 미친 건지 모르겠어요
온난화 현상이 모두를 혼돈시켜요

시도 때도 없이 추웠다 더웠다
옷가지도 들고 다니게 하고

총천연색 만발한 수목원
꽃들이 춤추는 축제 한마당

경쟁하듯 달려드는 꽃들
한꺼번에 눈에 담으려니 힘드네요

천천히 차례대로 즐기며
대화도 하고 싶었는데

벌써 지나가 버렸지만
피어난 꽃 이름 하나씩 불러 봅니다

완연한 봄

꽃비 내리고 메마른 가지 위
봄이 성큼 다가와 몽글몽글해진 움
멀리 보니 마치 철조망 같아 보여

튤립이 불쑥 키가 자라나고
군자란도 꽃대가 올라
주황 꽃이 활짝 피었네

이미 봄을 알리는데
아직도 겨울이라 우기네
어리석은 사람들

오며가며 보는 다양한 세상 변화
사계절을 가진 우리만의 혜택인가
봄 내음 맡으러 나가 봐야지

수목원 잔디는 얼마나 파래졌을까
이맘때쯤 피어나던 노오란 영춘화
제자리 지키고 있겠지?

매미소리

여름과 가을 사이
참매미들 일제히 울어 댄다
합창 연습 하듯 곳곳마다 난리다

숲속은 물론이고, 공원까지
아파트 산책로, 가로수 둘레길에도

매미들 화음 나름대로
곡조가 있고 리듬감도 좋다

맴맴 맴맴 맴맴 맴매앰
다시 들어도 똑같은 멜로디

녹음해서 들어봐도 리듬감 있으니
악보도 모르면서 어찌 그리
정확한지 누구한테 배우는 걸까

한참을 울다 뚝 그칠 땐 왜 그러나
혹시 연습이 끝난 걸까
그들만의 이유 있는 항의인가

밤엔 잠자라고 조용한 걸 보니
눈치도 빠른 매미들 인생

이맘때쯤이면

아파트 정원 사이 나무가 많고
주변에 숲도 많은데 어찌
너는 길 잃고 방황하고 있는지

거실 창문에 달라붙어 우는 녀석
무슨 사연 있길래 구슬피 우는가

쓰름 쓰름 쓰르라미
오늘은 친구들 함께 노래하네

이른 새벽부터 저녁까지
맴맴 맴맴 맴매엠
이유 없이 울어 대는 너

해마다 이맘때쯤이면 홀연히 나타나
울고 싶은 만큼 울다 사라진다

오늘같이 시원한 날 모든 소리마저
천상의 연주로 들린다

모기와 전쟁

창문마다 촘촘히 쳐져 있는 방충망
어느 부분이 부실한 걸까

숨을 곳도 없을 텐데 잘도 숨는 모기떼
매일 밤 전쟁 치르느라 지친다

아무도 반기지 않건만 쉴 새 없이
앵앵거리며 귀찮게 다가오는 너

모기향 전자기기까지 동원해 보아도
요리조리 피하는 너

어차피 하루도 못 버티고 하직하는데
왜 자꾸 괴롭히며 들어오는 거니

더 이상 친구 할 마음 없으니
다시는 오지 말았으면 해

가을과 나

불타는 노을 같은 단풍
노란 은행잎 나비 되어 달아난다

흩날리는 낙엽은 자연 그대로의 아름다운 멋
낙엽 밟는 소리까지도 예술이다

꽃보다 아름답게 주렁주렁
열매들이 전해 주는 풍성한 가을

알록달록 유혹하는 만추
어디든 떠나고 싶어지는 유혹

눈길 주고 발길 닿는 곳마다
한 폭의 그림 같은 가을은 상상 그 이상

어서 나오라 유혹하는
가을도 나를 좋아하는 건가 봐

가을을 좋아하나 봐

가을은 불타는 석양
노을 같아서 좋다
노랗게 물든 은행잎마저도
젖어들게 만든다

바람에 후두둑 떨어지는 소리
늦가을 낙엽도 그립다

풍요로운 가을 들판
꽃보다 아름다운 열매들
주렁주렁 매달린 풍경

한 폭의 수채화처럼
오색 빛 찬란한 계절

단풍 구경, 사람 구경하는 가을엔
무작정 여행을 하고 싶다
해외여행이든 국내 여행이든
다 좋으니까 어디든 가야지

눈길 주는 곳마다 화사하고 낭만적인 들녘
가을은 상상만 해도 가슴 설레는 계절

한여름 속 입추

한낮엔 기승부리는 더위지만
한여름 사이 입추 반갑기만 하다

더위야 너도 이젠 굿바이로다
곧 시원한 바람 불어오겠지

그리도 지독하게 맴 맴 맴
극성스럽게 울어 대던 참매미 소리
태풍 기운 먼저 알아차려
감쪽같이 사라진 매미의 행렬

비 그치자 다시 살아 돌아온 매미
어디 숨어 지내다 오는 걸까

풀벌레랑 같이 친구 하려나 보다
신나는 연주소리 단잠 깨워도
밉지 않은 여름 끝자리
시작하는 가을 초입

속절없는 가을

더위를 밀어내듯
슬그머니 다가온 가을

하고픈 일 시작도 못 했는데
가족 중 한 사람이 이승을 하직하여서

가을 여행 대신 시부모님 계신 곳으로
다녀와야 하나 보다

가까운 현충원 시화전에서나
가을을 흠뻑 만끽하고

훌쩍 당일치기 문학 기행이라도
따라나설까

속절없이 떠나려는 가을 미워지네

하얀 눈이 그리워

예전에 내리던 함박눈
이미 사라진 지 오래다
왜 이리도 세상은 달라지는 걸까

어릴 때 받아 먹던 눈
공해 탓으로 먹지도 못하니
이젠 순수함마저 흐려져 간다

타락한 사람들처럼 더러워져
동심을 파괴하는 어른들의 횡포
달라지는 세상인심 아쉽기만 하다

사르르 소리 없이 내리는 눈
소복소복 쌓이는 천상의 연주

온 세상 환하게 만들어 주는
순백의 세상 다시 그리워

노을이 보이는 창가

거실 창문으로 내다보이는 저녁노을
멋진 추억의 장 넘겨본다

서울 하늘 아래 이런 멋진 풍경
잠시지만 앉아서 볼 수 있다니

빌딩 숲 사이로 떨어지는 노을은
여행 풍경과는 달랐지만 추억 길 거닐게 한다

63 빌딩을 배경으로
휘황찬란한 노을과 구름
바닷가를 연상시키네

불꽃놀이 때마다 챙겨보던 빌딩과는
차원이 다르다

아파트로 이사와 삭막하던
마음까지도 한 번에 사그라지네

나만 바라보는 노을은 아니었으면
장관이 사라진 후
잠시 여운을 즐기려 시린 눈을 감는다

풍경 소리

댕기 머리 날리던 어린 시절
색동저고리 빨간 치마 휘날리며
자랑삼아 다니던 골목 끝 고택

추녀 끝 매달린 풍경
댕그렁댕그렁 울리는 소리
들릴 듯 말 듯 남아 있는데

어린 시절 함께 뛰놀던 친구들
어디로 갔을까
풍경 소리 따라 숨어 버렸나

처마 끝 풍경도 녹이 슬고
유년의 세월 따라 흩어져
아롱진 추억마저 아른거린다

나무

나무는 변덕쟁이
벌거벗은 몸 같더니

어느새 파란 옷 걸치고
울긋불긋 화려해졌네

계절마다
옷 갈아입는 너는
부자나라에 사는가 보다

제5부

끊을 수 없는 사랑

사랑이야

가족 사랑, 이웃 사랑
제자 사랑, 스승 사랑
연인 간의 사랑 등
사랑의 종류도 다양하다

"믿음, 소망, 사랑 중 제일은 사랑이라."
말씀하신 대로 서로 사랑하며
살아야 하는데 왜 이리 어려울까

님 사랑 안에서 잘 살고 있지만
느끼질 못하는 우리 참 어리석다

몸소 실천하시며 본을 보이신
주님 따라 살아야 하건만…

부활절 아침을 맞이하며
기쁨과 동시에 부끄러움까지 느낀다

믿음보다 중요한 게 사랑이야
다시 한번 마음속 깊이 되새겨 본다

인연

인연이란 어떤 것일까
끈으로 동여맨 것도 아닌데

눈 뜨면 생각나고 보고 싶고
하루 온종일 함께 떠들다
헤어져도 할 말이 계속 샘솟고

언제 어디서든 마음 맞는 사람끼리
시간이 멈춘 듯한 기분으로 수다쟁이 된다

부부 사이도 때론 연인 같고
친구 같은 사이라면 얼마나 좋을까

하루가 멀다 하고 만나기만 해도
수다 삼매경에 빠지는 친구들
오늘은 어디서 무얼 할까

어디서든 부르면 이유 달지 않고
무조건 달려 나오는 친구 하나만
있어도 행복하다는데 내 옆엔
과연 누가 있으려나 찾아봐야지

눈에는 안 보이는 튼실한 끈으로
꽁꽁 묶어서라도 함께 가고 싶은
벗님들 숫자는 과연 얼마나 될까

인연이란 스스로 만들어 가는 것이지만
이것이 바로 신의 섭리요
하늘이 내려 주신 인연

기도 1

눈 뜨고도 코 베이는 세상
험악한 일 많이 겪게 되지만
스스로 깨닫고 기도하게 하소서

날마다 더 가까이 함께하는
거룩한 삶이 얼마나 기쁜지
충하게 하시고 감사하게 하소서

나의 미래

누구나 그럴 테지만
나의 미래는 항상 궁금하다

겉모습은 물론 머릿속
뇌는 어떤지 모든 게

그중 가장 궁금한 건 얼마나
될지 모르는 내 시의 독자들

좀더 일찍 시작했더라면
시작은 미약하였으나

끊임없는 도전 속에
그 꿈은 이루어지겠지

갑진년 새해

함박눈 소리 없이 내려
풍년이라도 들기를 기원하듯
풍성하게 쌓인다

사람들 마음속 함박눈
깨끗하고 순결한 사랑이 스며드네

평화를 갈구하는 우리에게
집안이나 직장 아니 전쟁터에서라도
눈 녹듯이 미움과 불신이 사라지기를

갑진년 새해에는
모든 사람 소망과 평화
이루어지길 기도합니다

감사하며 살자

하늘이 점지해 준
하루를 감사하며 살고 싶다

힘든 날도 많지만 살아 있음에 감사하고
부족함 알고 고개 숙이게 하셨고

남들은 한 번 사는 삶을
두 번 살게 해 주신 하나님

남은 여생 체력이 허약하여
봉사도 못하는 게 이내 육신 안타깝다

어느 것 하나 잘하는 건 없지만
늘 사랑해 주시고 불평만 늘어놓는
나를 깨닫게 하시니 범사에 감사하자

다가올 미래 준비하려면 생명의 책
그분의 말씀이라도 붙들고 살자

삶이 그러합니다

겉으로 표현 안 해 그런 거야
속마음 알고 보면 다 거기서 거기
신은 공평하다

나만 왜 이렇게 힘들까 하다가도
알고 보면 별 차이 없는 인생사

화창한 봄날에도 천둥 치고 비 내리듯
갑자기 환경도 수시로 변화된다

비 온 뒤 무지개 뜨고
땅이 굳어지며 황무지에도
꽃은 피어나듯이

오르락내리락하는 삶의 굴레
수고한 만큼 결과도 달라진다

어두움 뒤엔 밝음이 찾아오고
우리의 삶도 모두 다 그러합니다

이러면 안 되잖아

밤마다 올빼미 생활 하는
불면의 밤은 힘들다
언제까지 나를 놓아주지 않으려나

이미 오래된 습관
내 자신이 한심하고 갑갑하다
"이러면 안 되잖아?"

머리가 지끈지끈 아파오니 덜컥 겁이 난다
불면증은 고약한 것

밤과 낮이 나에게는 힘든 고역
이제 모든 걸 내려놓고 밤에게
순응하기로 했다

외로워하지 마

누구나 느끼는 외로움이지만
싫어하거나 좋아하거나 가릴 새 없이
한가한 시간을 줄이면 되려나

일에 파묻혀 살기도 하며
자연과 함께하는 시간
즐거움 줄 수 있으니

숲이 주는 청량함 새소리 물소리
오솔길 큰길 가리지 않고
바깥세상 나오기만 하면 편하다

딱히 새로운 것 없어도
늘 같은 모습으로
반겨 주는 숲에게
고맙고 감사한 마음

짹짹거리는 새들과
흔들리는 나무들의 춤사위
이제 외로워하지 마
우리는 하나야

친구들과 수다 떠는 시간
외로울 사이 없게 우리를
행복이라는 이름으로
채워주소서

덕분입니다

부모 잘 만나 호강하며
순탄한 길 걸어온 것도

가족 모두 건강하게
각자 자기의 길 가는 것도

살 만큼 살다 보니
모든 게 누군가의
덕분이라 생각됩니다

주변에 항상 사람 많아
일하는 데 도움 된 것도

원한다고 되는 것도 아닌데
아들, 딸 한 명씩 알맞게 둔 것도

일평생 끼니 걱정 안 하고 산 것도
남을 도울 수 있는 체력 주심까지도

모든 게 감사한 일이다 보니
다시 한번 누군가의 덕분에 행복합니다

재와 불꽃

타는 불꽃 아름다운 데 비해
타고난 재는 포근히 감싸 주는
어머니 손길처럼 부드러우니

모습이야 별거 아니라지만
한창때 겉모습 보고
누가 불꽃만 열정이라 하는가

희미하게 꺼져가는 잿더미 속
구워진 밤과 고구마 한 아름
보물 캐듯 찾아내면 느껴지는 열기

화려함 뒤에 숨은 보잘것없는 재
그 속에도 남은 열정 빛을 발하네
마치 우리가 지내온 인생처럼

끊을 수 없는 사랑

우리의 사랑은 불완전하고
당신의 사랑은 완전한 사랑

그 사랑 우리에게 보여 주는
십자가는 당신의 온전한 사랑

현실 속에서 겪는 어려운 고통
힘들게 하는 모든 문제들

사랑과 은혜로 우리에게 임하시니
어떤 고통보다도 더 큰 당신의 사랑

사랑 안에 두려움 없고 온전한
사랑이 두려움 내쫓나니
사랑 빛이요 생명이다

당신의 사랑을 경험하는 사람
염려와 두려움이 없어지고

날마다 흔들리는 삶
우리 손 붙잡아 주시니
당신 향한 끊을 수 없는 사랑입니다

낙조

해돋이 풍경
더없이 아름답다

하지만 광활한
저녁노을에 견줄 수 있으려나

떨어지는 황혼 빛 아쉬워 찾게 된 해변
붉은 해 눈부신 위력에 다시 한번 놀란다

황혼 빛 서서히 옹골지게 만들며
어둠을 연결하는 낙조의 수려한 모습

천지창조의 조화 연상시키는
해돋이보다 더 웅장하고 황홀하다

아름다운 낙조 보며 왜 갑자기 무서워지는 걸까
마치 지구 최후의 모습이라도 보는 것 같아 소름 돋네

낙조 보며 손 모아 기도하며 앞으로
더 열심히 살아야지
두 손 꼭 잡고 다짐해 본다

바람

누군가 인생은 흘러가는 구름에
비유하였는데
모든 것이 허허로운
바람의 노래

손에 잡힐 듯 손가락 사이로
빠져 버리는 바람처럼
우리네 인생
참으로 무상합니다

참으로 짧고 덧없는 인생길
알게 모르게 허송세월 보내다
이제라도 붙잡아 보려 하니
쉽사리 잡히질 않네요

남은 세월 후회 없이 아끼며
살아보자 다짐해 보건만
한 번 왔다 떠나가는 인생
내려놓고 비우며 마음 편히 살아요

시든 꽃잎과 떨어진
낙엽 하나에도

저마다 소소한 사연들
묻어나듯

우리네 인생도 사람마다
각기 다른 사연 안고 살고 있다
이왕이면 멋지게 살다
아름답게 남고 싶다

채우려 애쓰는 마음보다
비우기 하는 연습을 하다 보면
행복한 그날이 머지않아 불나비처럼
찾아올 것 같아 기도하는 때

어디선가 아련히
들려오는 바람,
바람이여

인생 그림자

분노가 솟구치는 삶의 현장 속에서
천지를 창조하신 하나님 부여잡고
살아간다면

모든 창조 속에 빛과 생명 있으니
그 빛 찾아 영생의 길로 들어갈 수만
있다면 얼마나 좋을까

인생의 어두운
그림자 밟지 않고 살아갈 수도 있으련만
가끔 가슴 먹먹하다

이런저런 생각에 잠 못 드는 밤
아침이면 시작되는 새로운 나날들
반복되는 시간 속

선물 같은 휴식 시간
주일은 단 하루뿐 그러나
주일이 더 바쁘니 쉴 수도 없네

세상일 순조로운 것만은 아니라지만
생각하기 나름이다

희망적인 생각
하면 어려운 일도 쉽게 풀어 나갈 수 있으니
기쁘고 즐거움으로 충족하고 살아가리

삶의 지침서인
유일한 책 성서처럼
온전히 지켜낼 순 없지만
틈틈이 노력하면서 살고 싶다

무한 감사하면서
이미 선택받은 것들에 대하여
그 답 존재하니까

소중한 바람

교회 본당 에어컨이 고장 나
일부 교인들이 선풍기에 의지해
예배를 보게 된 날

창문을 열어 놓고 부채질로 버티며
설교에 집중을 한다
비상사태라 성가대 가운도
처음으로 벗게 하신 날

그 옛날엔 더 비좁은 방에서
무릎 꿇고 예배도 드렸건만
선풍기조차 없던 시절엔 어찌 버티셨을까

6 · 25전쟁 당시 언더우드 선교사의
활약 모습인 영상이 나온다
주기철 목사님의 순교 직전 말씀도

나도 모르게 눈물이 주르르 흘러내린다
중요한 영상과 귀한 설교 말씀에도
스르르 저절로 감기는 교인들의 눈꺼풀

사랑 한 알 입에 물고 졸음을 쫓으며
열심히 설교를 듣는 교인들 모습
각양각색의 교인들이 찜통더위에
한마디 말도 못 하고 잘도 참는다

어느새 부채가 되어 버린 주보
열린 창문으로 때마침
들어오는 청량한 자연 바람

선풍기에서 나오는 더운 바람
머리카락 날리며 정신만 없게 만드는데
한 줄기 자연 바람
온몸 구석구석 시원하게 해 준다

겪어 봐야 사람의 마음도 알게 되듯
에어컨이 나올 때는 못 느끼던 바람의 소중함

이렇게 소중한 바람일 줄이야
또 한 번 자연의 소중함 느껴본 날이다

소중한 물

귀중함 모르고
물 많이 마시면 몸도 무겁다며
배가 출렁거려 싫어하다
바닥난 면역력으로
얻게 된 만성 염증

더 이상 버틸 수가 없어서야
차리게 된 내 정신

나쁜 습관 털고 일어나
세상에 없어선 안 될
소중한 물 너와 친구 하련다

새해엔 건강한 모습
보여 주어야지

물거품

여명 아래 밀려드는
성난 파도가 할퀴고 간 자리
하얗게 남겨지는 물거품

당장 뛰어들고파
하얀 눈밭 같아 다가가면
흔적 없이 사라진다

하룻밤 꿈은 아닐진대 하얗게 부서져
아쉽게 흘려보낸 지난 시간들
눈 감으면 잊을까
새록새록 떠오르는 진한 여운

올 때는 천천히 다가오더니
갈 때는 사정없이 빠르게 가네
모래알처럼 헤아릴 수 없는
추억마저 사라질까 두렵네

시인의 감흥(感興)과 이상향(理想鄕)

— 장은숙 제2시집 『자연의 소리』 작품 해설

윤 제 철
(시인 · 문학평론가)

1. 들어가는 글

언제 어디서라도 주변의 사물이나 사건을 예사롭게 넘기지 않는 습관을 간직하는 사람, 주변에 어려움을 지닌 사람을 보면 그냥 지나치지 않고 손을 내밀어 도움을 주는 사람, 장은숙 시인은 몸이 서넛은 되어야 할 일을 어렵게 생각하지 않고 적극적인 사고방식으로 활동하고 있다. 많은 일을 접하면서 남들이 경험하지 못한 여러 상황을 만나면서 시야를 넓혀 보다 많은 것을 생각할 수 있는 노력을 아끼지 않았다.

사람은 하루를 살아도 희망과 목적을 내려놓고 살아갈 수가 없다. 누가 시키지 않아도 스스로 알아차려 일을 만들어 즐기지 않으면 안 된다. 부지런하게 작품을 써온 장은숙 시인은 첫 시집을 발간한 지 2년이 채 안 되어 제2시집을 내겠다며 원고를 보내왔다. 이보다 더 반가운 일은 없을 것이다.

원고를 넘기면서 다양한 시의 주제와 사고의 방향이

나 각도가 눈에 띄게 달라진 것을 발견할 수가 있었다. 대상을 바꿔 가며 반복하여 관찰을 하면서 변환을 추구하고 묘사한 결과다. 시의 창작은 화자의 생활 내용과 비례하는 만큼 예민해진 감각은 끊임없는 도전을 시도할 것이다. 그로 인하여 궁극적인 목표는 자신만의 독특한 목소리를 갖는 데 두게 된다.

시집 발간을 축하하며 많은 독자들로부터 관심받는 시집이 되기를 바란다.

2. 시인의 감흥(感興)과 이상향(理想鄉)

① **시인의 감흥(感興)** : 마음에 깊이 느끼어 일어나는 흥취를「사랑의 계절」에서 사랑을 하는 한 언제라도 봄이라고 말한다면 봄은 희망찬 앞날이나 행운을 비유적으로 이르는 말이다.「오해의 늪」에서 오해의 늪은 골이 깊고 인과 관계에 지대한 장애가 된다. 부정적인 사고방식은 오해를 불러일으킨다.「봄의 교향곡」에서 마음의 귀를 열고 봄의 소리를 듣고 하고 싶은 이야기를 봄의 교향곡으로 우리에게 들려주고 있다.「가을과 나」에서 어느 계절보다도 소통의 기회를 더 얻기를 바라며 자신이 가을을 좋아하면서 오히려 가을이 자신을 더 좋아하기를 바라는 마음을 이미지로 풀어 강조하는 데 성공하고 있다.

라일락꽃 한창인 사랑의 계절
오종종한 싸리꽃도 환히 웃는다

발길 닿는 곳마다 온통 꽃밭이다
뒤덮인 산야 철쭉꽃이 앞다투며 피기 전
잔잔한 모습으로 나타나

나도 꽃이랍니다, 부르짖는 소리들
훈풍 속에 피는 라일락인 줄
착각하던 조팝나무 싸리꽃이라네

향기 짙은 노란 프리지아 한 묶음
거실 한편 놓고 보니
내 마음 한가득 사랑도 향기로워라

—「사랑의 계절」 전문

라일락꽃은 4~5월에 꽃의 향기가 좋아서, 흰색은 깨끗하고 순수한 마음을, 보라색은 첫사랑의 설렘과 순수한 감정을, 연보라색은 친구에게 감사의 마음을 전하고 싶을 때 좋다. 온통 꽃밭으로 필 때 조팝나무, 노란 프리지아까지도 사랑이 한가득이다.

라일락은 어떤 꽃보다 향기가 진해서 진동을 한다. 어설픈 것들은 섞여서 구분을 못 하고 라일락인 줄 안다. 야외를 벗어나 거실 한편에 놓는 노란 프리지아는 달콤한 향기가 나는 기쁨과 우정의 꽃이다. 꽃처럼 향기가 나는 사람은 사랑을 하고 있는 사람이다.

사랑을 하는 한 언제라도 봄이라고 말한다면 사랑의 계절은 분명 봄이다. 봄은 만물이 소생하는 계절이며 희망찬 앞날이나 행운을 비유적으로 이르는 말이기도 하다. 화자는 사랑을 꽃의 향기로 은유하여 산야의 향기처럼 온 세상에 사랑이 넓게 퍼지기를 염원하고 있다.

오전에 방긋하던 햇살 오후엔
구름 끼고 어둑해지는 날씨처럼
사람들 마음속도 변화무쌍하다

하루 이틀도 아니고 자주 접하다 보니
힘들기도 하고 짜증까지 난다

참아야지 하다가도 불쑥 찾아오는
분노 더 이상 견뎌내기 어렵네

도대체 무엇이 문제인 걸까
누구라 할 것 없이 서로가 소통
부재 시에 생겨 버리는 일

별것도 아닌데 오해의 늪으로 빠져 버린다
이 늪에서 헤어 나오려면 또 얼마나
오랜 시간이 필요할까

—「오해의 늪」 전문

날씨도 맑았다가 갑자기 흐려져 비가 오면 앞을 내다볼 수 없었던 마음은 상해 버린다. 사람의 마음도 마찬가지가 아닐까. 이야기를 듣고 생각을 짐작하지만 제대로 마음을 읽는다는 것이 쉬운 일이 아니다. 잘못 읽으면 오해의 늪에 빠져 별의별 생각을 다 한다.

마음을 읽는다는 것은 소통이 잘되면 문제가 없지만 상대의 말을 귀 기울여 듣지 않거나 못 알아듣고 나름대로 이해하면 서로 간에 오해를 피할 수 없는 일이다. 혹여 급한 성질 때문에 넘겨짚어서 하지도 않은 말을 했다면서 속을 스스로 끓이는 경우도 생겨나고 있다.

생각보다 오해의 늪은 골이 깊다. 인과 관계에 지대한 장애가 된다. 부정적인 사고방식은 오해를 불러일으킨다. 오랜 시간이 걸려 오해를 푼다 해도 얼마 안 가서 다시 반복된다면 서로의 관계는 허물어질 수밖에 없다. 무엇보다 무섭고 반드시 피해야 할 것은 오해다.

밀창을 활짝 열고
푸른 하늘 바라보니

흰 구름 따라
흐르는 강물 소리
절로 흥겹다

새소리 바람 소리
꽃향기 따라 들려오는
대자연의 연주 같은
아름다운 합창

그리운 우리 님
고운 발자국처럼
애타는 내 맘속
핑크빛 설렘인가

오감을 툭툭 흔드는
봄의 교향곡

—「봄의 교향곡」 전문

밀창을 열고 내다보는 하늘에 청각적인 요소들을 만났다. 흰 구름 따라 흐르는 강물 소리, 새 소리 바람 소리 대자연의 연주, 우리 님 고운 발자국은 오감을 흔드는 봄의 교향곡이듯 새싹을 내미느라 찢어지는 나뭇가지 소리부터 봄이 오는 소리가 들린다고 했다.

봄은 벌거벗은 것처럼 앙상한 가지로 겨울을 보내면서 하늘을 향해 기도해서일까. 추운 겨울을 이겨내고 다시 살아나는 기적을 만들었다. 그리고 씨앗을 뿌려 새싹을 틔워 들과 산천을 푸르게 약동하게 한다. 봄을 예찬하는 대자연의 연주 소리가 모두를 응원한다.

사물이나 사건을 응시하지 않으면 감각은 예민해지지 않는다. 녹슨 감각을 가지고는 시상을 떠올릴 수는 없다. 화자는 마음의 귀를 열고 봄의 소리를 듣는다. 그리고 화자가 하고 싶은 이야기를 봄의 소리들을 통하여 대신 봄의 교향곡으로 우리에게 들려주고 있다.

불타는 노을 같은 단풍
노란 은행잎 나비 되어 달아난다

흩날리는 낙엽은 자연 그대로의 아름다운 멋
낙엽 밟는 소리까지도 예술이다

꽃보다 아름답게 주렁주렁
열매들이 전해 주는 풍성한 가을

알록달록 유혹하는 만추
어디든 떠나고 싶어지는 유혹

눈길 주고 발길 닿는 곳마다
한 폭의 그림 같은 가을은 상상 그 이상

어서 나오라 유혹하는
가을도 나를 좋아하는 건가 봐

—「가을과 나」 전문

무더위가 가고 찬바람이 돌면서 단풍이 물들고 곡식과 과일이 익는 가을은 자연의 아름다움을 만끽하고 개인의 성장과 주변과의 나눔을 인식하게 하는 여유를 찾는다. 현대사회에서도 우리의 삶을 더욱 풍성하게 하며 발길 닿는 곳마다 어서 나오라 유혹한다.

가을은 일상의 한 공간을 입체화하고 대사를 청해 오는 연극 무대처럼 느껴진다. 노란 은행잎 나비가 날고, 낙엽 밟는 소리나 열매들이 전해 주는 풍성함, 어디든 떠나고 싶은 유혹은 참기 어렵다. 하나의 엽서 그림 같은 가을이 아름답다.

화자는 자신이 가을을 좋아하면서 오히려 가을이 자신을 더 좋아하기를 바라는 것처럼 이미지를 강조하는데 성공하고 있다. 우리가 갖고 싶은 가을은 앙상한 나뭇가지보다는 단풍 든 풍경이다. 화자는 어느 계절보다도 소통의 기회를 더 얻기를 바란다.

② **시인의 이상향(理想鄕)** : 인간이 생각할 수 있는 최선의 상태를 갖춘 이상적이고 완전한 상상 세계를 이상향이라고 한다. 장은숙 시인은 자신만의 목소리로 인간세계의 평화와 이상향을 이야기한다.

「똑순이」에서 남들보다 뒤처져서는 안 된다는 공통적인 관심밖에 없고, 사회생활에 필요한 가정교육은 다 어디 가고 공부에 빠져 지내는 아이들이 불쌍하다. 「코스모스」에서 화려하지 않아도 아무렇지도 않게 반겨 주는 존재가 늘 기다려지는 화자는 코스모스를 가슴에 품는다. 「무지개」에서 나이가 들어서 보아도 무지개는 나이를 먹지 않는 어린이로 돌아가는 터널처럼 다가온다. 「재와 불꽃」에서 재는 그 열정을 불태우고 꺼지지 않고 더욱 가치를 드높인 흔적이며 불꽃은 우리가 선택한 어떤 목표가 옳았다는 평가를 받도록 노력했던 열정이다.

하나를 가르치면 열을 아는
요즘 아이들 왠지 무섭다
우리 때와 다르게
영악해진 요즘 아이들
순수한 맛이 사라져 간다

똑순이라 부르지만 싫다
어리숙해도 어른 말
잘 따르던 옛날 아이들

어리바리해서 손해 보던
어린 시절 그 순수함이 그립다
이제 겨우 말문 터져
하고픈 말 쏟아 내면서

영어 노래 가르치란다
과연 정체성을 알게 되려나
똑순이 손녀 질문 대답
못 하는 날 오기 전

미리 공부해 두어야 할 건 무얼까
오늘도 난 마음 바빠진다

—「똑순이」 전문

하나를 가르치면 열을 아는 아이들을 수재나 천재라고 했다. 요즘 아이들은 자세히 세어 보지 않았어도 그만 한 아이들이 많다. 그렇다고 모두 천재일까. 영악하기 짝이 없고, 똑똑해 보이지만 겁이 날 만큼 놀라운 구석이 있다. 할아버지 할머니들의 그 시절을 생각하면 요즈음엔 순수함이 없다.

아이는 나이에 맞게 자라야 한다. 하지만 요즘 아이들은 조기교육이니 영재교육이니 앞서서 미리 배우는 선행학습에 몰두한다. 이제 겨우 우리말에 말문 터진 아이들에게 영어 노래 가르치라는 말은 정체성에 의심이 갈 수밖에 없다. 똑똑한 것과 영재는 다르다.

부모나 할아버지, 할머니는 엄청난 기대를 걸고 있다. 남들보다 뒤처져서는 안 된다는 공통적인 관심밖에 없다. 사회생활에 필요한 가정교육은 다 어디 가고 공부에 빠져 지내는 아이들이 불쌍하다. 오늘도 무얼 더 배워야 하는지, 근심이 쌓이면 아이들은 마음 편히 자라지 못한다. 어른들이 만들어 놓은 경쟁의 시대에 아이들은 무조건 따라야 한다.

하지만 무엇보다 중요한 것은 아이들이 건강하고 즐겁게 자라는 것이다. 몸과 마음의 튼튼한 성장이 공부보다 중요함은 틀림없다. 근심 없는 아이들이 자연 속에서 뛰어노는 것이야말로 이상향(理想鄕)에 가까운 세계의 모습이 아닐까.

무지개색이 무색하리만큼
다양한 모습으로 초가을 문턱
두드리며 살랑대며 속삭이는 너

바늘허리만큼이나 가녀린 모습
누굴 홀리려고 한들거리니
가냘프기도 하고
애처롭기까지 한 청초함

바람 불면 쓰러질 듯 약해 보여도
하라는 대로 이리저리
어울릴 줄 아는 애굣덩어리

무뚝뚝한 나무들보다
네가 훨씬 나은 거 같구나

—「코스모스」 전문

코스모스는 돌봐주지 않아도 길가나 공터에서 씩씩하게 자란다. 집에 정원이 없거나 집 근처에 공원이 없는 지역에서도 잘 피어나고, 그 모양이 소박하면서도 예뻐서 많은 이들에게 사랑받는다. 불볕더위가 사그라질 무렵에 피기 때문에 서늘한 가을의 전령으로 환영받기도 한다.

초가을 문턱에서 바람 불면 쓰러질 듯 가냘프고 애처롭기까지 한 가녀린 모습이지만 흘러가는 세월 따라 이리저리 적응하여 어울릴 줄 아는 네가 좋다. 어디 그뿐이랴, 마음대로 돌아가지 않는 세상사 심경을 어지럽혀도 춤을 추듯 시원스레 풀어 주는 네가 좋다.

다양한 색깔로 살랑대는 코스모스가 무뚝뚝한 나무들보다 애교가 많다. 예쁠 것도 없이 화려하지 않아도 아무렇지도 않게 반겨 주는 존재가 늘 기다려지는 화자는 코스모스를 가슴에 품는다. 한적한 도심 속에 공원 한켠에 자리 잡은 한들거리는 길벗이다.

목 빠져라 올려다보는
화려한 색상으로 장식된 하늘

동심의 세계로
하늘에 걸린 무지개 볼 때마다
저 다리 위엔 누가 있을까
일곱 빛으로 무얼 만들어 볼까

매력적인 모습에 혹하여서
헤어 나올 수 없어 허우적거린다

몽글몽글 피어나던 꿈들
하늘이 보여 주는 알 수 없는 선물
도대체 무지개는 누가 만든 것일까

비 온 뒤 나타나는 무지개
우리에게 주는 자연의 신비로움
어릴 때 느끼던 사춘기 감성이 되살아난다

—「무지개」 전문

무지개는 대기 중에 떠 있는 물방울이 햇빛을 받아 반

원형으로 나타나는 일곱 색깔의 띠로 알지만, 그것이 전부는 아닐 것이다. 어린아이들은 화려한 색상으로 하늘에 세워진 다리를 바라다보며 헤어나지 못하여 건너가면 무엇이 있을까, 상상을 통하여 꿈과 희망을 부푼 가슴에 안고 자란다.

자연과 과학의 상식을 떠나 무지개는 눈에 보이는 시각적인 면에서 신비스러운 마력을 지닌 존재다. 빨강, 주황, 노랑, 초록, 파랑, 남색, 보라색으로 띠를 이루고 있어서 발견하면 그 화려함에 눈을 뗄 수가 없는 까닭이다. 현실이 아닌 미래에 대한 동경을 그리게 한다.

나이가 들어서 보아도 무지개는 나이를 먹지 않는 어린이로 돌아가는 터널처럼 다가온다. 몸은 늙어도 마음을 동요시키는 순간 황홀경에 빠진다. 어떤 방법을 동원해서라도 만들 수 없는 사춘기의 감성은 자연이 주는 선물이다. 시어의 결합은 선명한 이미지를 만든다.

타는 불꽃 아름다운 데 비해
타고난 재는 포근히 감싸주는
어머니 손길처럼 부드러우니

모습이야 별거 아니라지만
한창때 겉모습 보고
누가 불꽃만 열정이라 하는가

희미하게 꺼져가는 잿더미 속
구워진 밤과 고구마 한 아름
보물 캐듯 찾아내면 느껴지는 열기

화려함 뒤에 숨은 보잘것없는 재
그 속에도 남은 열정 빛을 발하네
마치 우리가 지내온 인생처럼

—「재와 불꽃」 전문

불에 타고 남는 가루 모양의 물질이 재다. 대나무가 살아있을 때 밤낮으로 아니 일생을 잎사귀끼리의 칼질로 불꽃 삼아 보냈어도, 죽은 뒤에 피리로 남아 또 하나의 일생을 부여받아 불꽃을 피우듯 열기로 역할을 다한다는 것은 재와 불꽃의 동등한 가치를 묘사하고 있다.

한용운 시인은 '불에 타고 남은 재가 기름이 된다'고 말했다. 여러 해 동안의 노력이나 경험으로 이룩된 연륜을 썩히지 않고 퇴임하고 나서도 제2의 인생을 출발하여 그 가치를 더 높여 그 역할을 배가하는 아름다운 여생을 주제로 삼는 시로 승화시키는 데 성공하고 있다.

불꽃은 우리가 선택한 어떤 목표가 옳았다는 평가를 받도록 노력했던 열정이라면, 재는 그 열정을 불태우고 꺼지지 않고 더욱 가치를 드높인 흔적이다. 반복된 관찰에서 비롯한 예민한 감각으로 띄워내는 것이 시상이다. 모습이나 움직임, 그리고 소리는 비유의 바탕이 된다.

3. 나오는 글

시는 변환에 변환을 거듭한다고 하더라도 화자의 사고 세계를 벗어나지 못한다. 생활환경이나 성격, 그리고 습관을 내포하고 있다. 그 자체를 꾸미지 말고 있는 그대로 비유를 통하여 보여주어야 한다. 시어의 결속을 다지고 긴장감 있게 전개되면서 가장 자기다운 개성적이며 고백적인 성격을 띤 창작을 추구해야 한다.

장은숙 시인의 시를 읽다 보면 시상을 얻은 장소가 선명하게 드러난다. 여러 분야에서 일을 맡아 하면서 전철이나 버스 등 교통수단으로 이동하는 시간을 헛되이 낭비하지 않는다. 말을 하듯 서두에서부터 상황을 설정하여 독자들을 의도하는 영역에 이끌어 들이면서 탄탄한 시어의 결합을 통하여 공감을 유도하는 기법으로 이미지를 선명하게 만드는 전략을 펼치고 있다. 그뿐만 아니라 예민한 감각으로 떠올려 상상력으로 묘사되는 비유는 예사롭지 않다.

창작은 완성이나 정답이 없다. 끊임없는 도전과 탐구만이 작품의 수준을 올려놓을 수 있는 바탕이 된다. 자신의 창작 세계는 두고두고 시도되어야 할 과제로 남아 있을 뿐이다. 점차 거듭되는 관찰과 비유는 시에 대한 안목과 사고력을 깊게 만들고 폭넓은 시야는 스케일이 큰 시로 확대될 수 있다.

시집 발간을 축하하며 더 꾸준한 노력으로 현실에서 도피하고 싶은, 도피해야만 하는 현대인들의 목소리를 대변하고 그들의 쉼터가 되어 주는 시인으로 발전을 빈다. 장은숙 시인의 빛나는 행보를 차근차근 돌아보며 주목하고자 한다.

문학세계대표작가선 1028
자연의 소리

장은숙 제2시집

인쇄 1판 1쇄 2024년 10월 11일
발행 1판 1쇄 2024년 10월 18일

지 은 이 : 장은숙
펴 낸 이 : 김천우
펴 낸 곳 : 문학세계 출판부 / 도서출판 천우
등 록 : 1992. 2. 15. 제1-1307호
주 소 : 서울시 광진구 구의강변로 85 강우빌딩 7F
전 화 : 02)2298-7661
팩 스 : 02)2298-7665
http://cafe.naver.com/chunwu777
E-mail : cw7661@naver.com

값 15,000원

ISBN 978-89-7954-939-3